BEI GRIN MACHT SICH IHR WISSEN BEZAHLT

AF167818

- Wir veröffentlichen Ihre Hausarbeit,
  Bachelor- und Masterarbeit

- Ihr eigenes eBook und Buch -
  weltweit in allen wichtigen Shops

- Verdienen Sie an jedem Verkauf

Jetzt bei www.GRIN.com hochladen
und kostenlos publizieren

Gewichtsreduktion bei einer 42-jährigen Frau. Trainingsplanung Makrozyklus

Bibliografische Information der Deutschen Nationalbibliothek:

Die Deutsche Nationalbibliothek verzeichnet diese Publikation in der Deutschen Nationalbibliografie; detaillierte bibliografische Daten sind im Internet über http://dnb.d-nb.de abrufbar.

ISBN: 9783346484062
Dieses Buch ist auch als E-Book erhältlich.

Druck und Bindung: Books on Demand GmbH, Norderstedt Germany
Gedruckt auf säurefreiem Papier aus verantwortungsvollen Quellen

Das vorliegende Werk wurde sorgfältig erarbeitet. Dennoch übernehmen Autoren und Verlag für die Richtigkeit von Angaben, Hinweisen, Links und Ratschlägen sowie eventuelle Druckfehler keine Haftung.

Das Buch bei GRIN: https://www.grin.com/document/1106211

Deutsche Hochschule für
Prävention und Gesundheitsmanagement
Hermann Neuberger Sportschule 3
66123 Saarbrücken

Einsendeaufgabe

Fachmodul: Trainingslehre I – Gesundheitsorientiertes Krafttraining

Studiengang: BFÖ

Datum
Präsenzphase: 24.04.2017 – 27.04.17

Studienort: **Hamburg**

Semester: **WS16**

Inhaltsverzeichnis

1   Teilaufgabe 1 – Diagnose

1.1   Allgemeine und biometrische Daten

Tab. 1: Allgemeine und biometrische Daten von Frau M.

Testperson	Frau M.	
Alter	42Jahre	
Geschlecht	Weiblich	
Körpergröße	158cm	
Körpergewicht	65kg	
Trainingsmotive	Gewichtsreduktion, Körperfestigung, Alltagsprobleme besser bewältigen	
Berufliche Tätigkeit	Kauffrau im Einzelhandel	
Sportliche Aktivitäten	Einmal die Woche 30-60min Walking bis 35Jahre, seitdem kein Sport	
Leistungsstufe	Momentan keine	
Trainingsumfang	Momentan keiner	
Zeitlicher Verfügungs- rahmen	Zwei bis drei Mal die Woche für ungefähr zwei Stunden	
Blutdruck	129/87 mmHg	Bewertung: Hochnormal (vgl. Tab. 2)
Allgemeiner Gesund- heitszustand	Gesund; keine Medikamenteneinnahme	
Gesundheitliche Ein- schränkungen	Keine Einschränkungen bekannt	

Tab. 2: Blutdruckklassifikation der American Heart Association (modifiziert nach Mancia et   al., 2013, S.1286)

Bewertungsstufen	Systolischer Blutdruck	Diastolischer Blutdruck
Normblutdruck (Normotonie)		
optimal	unter 120 mmHg	unter 80 mmHg
normal	unter 130 mmHg	unter 85 mmHg
hochnormal	130-139 mmHg	85-89 mmHg

Bewertungsstufen	Systolischer Blutdruck	Diastolischer Blutdruck
Bluthochdruck (arterielle Hypertonie)		
Stufe 1	140-159 mmHg	90-99 mmHg
Stufe 2	160-179 mmHg	100-109 mmHg
Stufe 3	> 180 mmHg	> 110 mmHg

Anhand der in Tab.1 vorhandenen Daten lässt sich Frau M. als gesund und optimal belastbar einstufen. Da Frau M. weder gesundheitliche Einschränkungen, noch sonstige orthopädische Beschwerden hat, ist es möglich nach ihrer Eingewöhnungsphase an das Krafttraining direkt mit dem ersten Mesozyklus das Training, mit einer für Trainingsbeginner üblichen , nach der später erläuterten Krafttrainingsmethode, zu beginnen. Sie darf alle Trainingsübungen und -alternativen (passend zu ihrem Leistungsstand) ausführen. Ihr ausreichender zeitlicher Verfügungsrahmen unterstützt die Ausübung des ersten Mesozykluses mit optimaler Übungsanzahl und Trainingshäufigkeit pro Woche und Einheit.

1.2 Krafttestung

1.2.1 Auswahl des Testverfahrens

Das Testverfahren zur Krafttestung von Frau M. ist der Mehrwiederholungskrafttest (X-RM-Test). Da Frau M. zum ersten Mal ein Krafttraining durchführen möchte und sie deshalb noch keine Erfahrungen oder Übung darin hat, wird sie vom momentanen Leistungsstand als Beginnerin eingestuft. Der X-RM-Test ist im Vergleich zu einem Einwiederholungskrafttest einfacher durchzuführen und ermittelt direkt das Trainingsgewicht für eine bestimmte Wiederholungszahl. Desweiteren ist die Belastung für den Bewegungsapparat nicht ganz so groß wie bei einem Maximalkrafttest (1-RM-Test). Im Hinblick auf ihren aktuell nicht vorhandenen Leistungsstand im Krafttraining, ist es trotz ihres einwandfreien Gesundheitszustandes sinnvoller ihren Bewegungsapparat nicht durch einen Maximalkrafttest komplett auszubelasten.

1.2.2 Testablauf

Zu Beginn erfolgt ein allgemeines Aufwärmen auf dem Crosstrainer für zehn Minuten bei geringer Intensität. Nach einem speziellen Aufwärmen am jeweiligen Testgerät mit 15 Wiederholungen mit subjektiv sehr gering ausgewähltem Gewicht wird der erste Testsatz durchgeführt. Je nach Übung wird als erstes Testgewicht ein bestimmter Prozentanteil des Körpergewichtes der Testperson eingestellt und mit diesem die vorher festgelegte Wiederholungszahl absolviert. Bei Frau M. sind es 20 Wiederholungen bei dem Krafttest für den ersten Mesozyklus. Wenn nach dem ersten Testsatz alle Wiederholungen ohne Schwierigkeiten ausgeführt werden konnten, wird je nach Bedarf ein zweiter oder höchstens dritter Testsatz durchgeführt, bei dem die Gewichtslast jeweils um fünf bis 25 % je nach subjektiven Belastungsempfinden der Testperson erhöht wird. Das optimale Trainingsgewicht ist dann erreicht, wenn die letzte Wiederholung gerade noch konzentrisch ausgeführt werden konnte. Zwischen den Testsätzen werden jeweils drei Minuten Pause eingehalten. Als letzter Schritt werden die ermittelten Testergebnisse in die Trainingsplanung umgesetzt (Zimmer, 1999).

1.2.3 Testgewichte und Testendergebnisse

Tab. 3: Mehrwiederholungskrafttest (20-RM-Test) mit Frau M.

Testübung	WH	1. Testsatz	2. Testsatz	3. Testsatz	Ergebnis
Beinpresse (sitzend)	20	65kg	78kg	85kg	85kg
Brustpresse	20	19,5kg			19,5kg
Rudermaschine (enger neutraler Griff)	20	15kg	16,5kg	17,5kg	17,5kg
Butterfly Reverse	20	2,5kg	5kg		5kg
Rumpfextensionmaschine	20	35kg	42kg		42kg
Schulterpresse	20	2,5kg			2,5kg
Rumpfflexionsmaschine (sitzend)	20	15kg	18kg	21kg	21kg

1.2.4 Schlussfolgerungen und Konsequenzen für die weitere Trainingssteuerung und –planung

Bei diesem Mehrwiederholungskrafttest (X-RM-Test) ist der Vorteil gegeben, dass dieser einen guten intraindividuellen Leistungsvergleich bietet, wenn man ihn nach bestimmter Zeit mit den gleichen Rahmenbedingungen durchführt. Das ist für Frau M. im Hinblick auf ihre Motivation viel entscheidender als ein Vergleich mit Norm- oder Referenzwerten für welchen sich der X-RM-Test nicht eignet. Durch regelmäßige Re-Tests mit diesem Testverfahren kann die individuelle Leistungsentwicklung optimal dokumentiert werden, wodurch sich immer wieder ihre aktuellen Trainingsintensitäten durch allgemeine Vorgaben ableiten lassen. Diese Vorgaben ermöglichen dann eine optimale Kraftsteigerung innerhalb des Mesozykluses. Deshalb kann mit Hilfe der Testergebnisse des 20-RM-Tests für Frau M. die Trainingsintensität für ihren ersten Mesozyklus zu den passenden Übungen ausgerechnet werden.

2 Teilaufgabe 2 – Zielsetzung/Prognose

Tab. 4: Ziele auf Basis der Diagnosedaten

	Inhalt	Ausmaß	Zeit
Ziel 1	Gewichtsreduktion	-5kg	3 Monate
Ziel 2	Kraftsteigerung	+ 10%	2,5 Monate
Ziel 3	Blutdrucksenkung	Auf 125/83 mmHg	12 Monate

Das erste Ziel der Gewichtsreduktion lässt sich von den Trainingsmotiven der Frau M. übernehmen. Um dieses Ziel langsam und damit nachhaltig zu erreichen, hat sie drei Monate Zeit fünf Kilogramm ihres derzeitigen Körpergewichtes zu verlieren. Dieses Ziel lässt sich mit dem Trainingsmotiv der Körperfestigung vereinen, da sie durch die Unterstützung des Krafttrainings vor allem Fett verlieren wird, wodurch der Körper fester und straffer erscheinen wird.
Das zweite Ziel ist die Kraftsteigerung um 10% bis zum zweiten Mesozyklus. Die Kraftsteigerung wird Frau M. dabei helfen, bestimmte Tätigkeiten im Alltag und auch bei der Arbeit besser ausführen zu können, ohne dass ihre Muskeln schnell ermüden.

Sie wird bestimmte Lasten einfacher heben oder tragen können, was ihr den Alltag erleichtert.

Das dritte Ziel bezieht sich darauf, ihren Blutdruck aus dem hochnormalen Bereich in den normalen Bereich abzusenken. Da ihr dazu nur wenige mmHg fehlen, wird sie es spätestens in einem Jahr schaffen in die Wertespanne des normalen Blutdruckes zu gelangen. Dabei wird ihr das Krafttraining in Verbindung mit einem ausreichenden Ausdauertraining helfen.

Frau M. hat keine gesundheitlichen Beschwerden oder Einschränkungen, daher kann sie ihre Ziele durch ein Krafttraining ohne Beschränkungen einwandfrei verfolgen und auch in dem realistischen Zeitrahmen erreichen. Das Ziel der Blutdruckreduzierung entspricht nicht ihren direkten Trainingsmotiven, jedoch ist das der einzige noch nicht optimale Wert, was ihre Gesundheit angeht, auch wenn es sie nicht einschränkt oder sie Rücksicht darauf nehmen muss. Sie kann damit allerdings bestimmte mögliche Herzkrankheiten vorbeugen.

3 Teilaufgabe 3 – Trainingsplanung Makrozyklus

Tab. 5: Makrozyklusplanung

	Mesozyklus I	Mesozyklus II	Mesozyklus III	Mesozyklus IV
Dauer	6-8 Wochen	6-8 Wochen	6-8 Wochen	6-8 Wochen
Trainings-methodik	Kraftausdauer	Hypertrophie	Kraftausdauer	Hypertrophie
Organisations-form	Stationstraining/ Ganzkörper	Stationstraining/ Ganzkörper	Stationstraining/ Ganzkörper	Stationstraining/ Ganzkörper
Häufigkeit/ Woche	2-3	2-3	2-3	2-3
Übungen/ Muskelgruppe	1-2	1-2	1-2	1-2
Sätze/ Übung	2-3	2-3	2-3	2-3
Satzpausen	1 Minute	1 Minute	1 Minute	1 Minute
Wiederholungen	20	12	15	10

	Mesozyklus I	Mesozyklus II	Mesozyklus III	Mesozyklus IV
Intensität	50-70% ILB	50-70% ILB	60-80% ILB	60-80% ILB
Bewegungs-tempo (TUT)	2/0/2	2/0/2	2/0/2	2/0/2

3.1 Wahl der Übergeordneten Trainingsmethoden

Die übergeordnete Trainingsmethode ist die Individuelle-Leistungsbild-Methode (ILB-Methode), welche auf Basis des X-RM-Tests beruht. Diese Methode wurde speziell für den Fitness- und Gesundheitssport konzipiert. Da das Trainingsalter bei der Berechnung der Trainingsintensitäten eine wichtige Rolle spielt, wird Frau M. zunächst nur leicht belastet und in der ersten Phase motorische Lernprozesse der Muskulatur in den Vordergrund gestellt. Trotzdem wird eine Kraftsteigerung auf Grund dieser Lernprozesse stattfinden (Eifler, 2000; 2013). Dies bringt für sie als Beginnerin einen Vorteil, um in späteren Mesozyklen die Kraftsteigerung mehr hervorheben zu können, aber auch um sich zuvor die für sie neuen motorischen Fähigkeiten anzueignen. Der Gesundheitszustand von Frau M. macht es möglich die Belastungsintensität von Trainingswoche zu Trainingswoche zu steigern, da sie in der Hinsicht keine Einschränkungen hat.

3.2 Die Belastungsparameter

Frau M. soll zwei bis drei Mal die Woche zum Training kommen, dies entspricht auch ihrem zeitlichen Verfügungsrahmen, den wir somit komplett ausschöpfen. Um als Trainingsbeginner einen Muskelaufbau zu erzielen, reicht zwar eine Trainingseinheit pro Woche aus, allerdings sind die Effekte und Verbesserungen bei zwei oder drei Trainingseinheiten pro Woche deutlich größer (Buskies & Boehckh-Behrens, 2009). Öfter in der Woche zu trainieren wäre auf Grund der zu Beginn noch längeren Regenerationszeiten nicht sinnvoll (Bishop, Jones & Woods, 2008; Jones, Bishop, Richardson & Smith, 2006), da Frau M sonst möglicherweise in ein Übertraining gelangen könnte. Sie wird ein bis zwei Übungen pro Muskelgruppe ausführen, da somit die gesamten Hauptmuskelgruppen in einer Trainingseinheit gemeinsam trainiert werden können und inklusive Auf- und Abwärmen die zwei verfügbaren Stunden nicht überschritten werden.

Da die Trainingsintensität durch die ILB-Methode als Beginner niedrig, bei 50-70%, liegt, sollte Frau M. zwei bis drei Sätze pro Übung, also ein Mehrsatztraining, absolvieren. Ein höheres Trainingsvolumen begünstigt den Muskelaufbau positiv (Koch & Haff, 1999), wodurch Frau M. ihrem Ziel, besser Alltagsprobleme händigen zu können, in dem sie besser ausgeprägte Muskeln hat, näher kommt.

3.3 Die Organisationsform

Die Organisationsform ist ein Ganzkörpertraining in Form eines Stationstrainings an geführten Maschinen. Dadurch, dass ein Gerätewechsel erst nach allen zu absolvierenden Sätzen an der Station gewechselt wird, wird Frau M. die Übungen beim zweiten und dritten Satz leichter fallen, da sie sich beim ersten Satz wahrscheinlich erst einmal wieder an die Übung gewöhnen muss, um sie fehlerfrei ausführen zu können.. Außerdem verliert sie nicht viel Zeit, wenn sie nicht nach jedem Satz das Trainingsgerät wechseln muss. Das Ganzkörpertraining bietet sich auf Grund des zeitlichen Verfügungsrahmens von Frau M., mit zwei bis drei Mal die Woche für ca. zwei Stunden an. Desweiteren ist eine höhere Trainingseinheitenanzahl oder ein Split-Training für ihren Leistungsstand und ihre Ziele nicht notwendig oder erforderlich.

3.4 Die Periodisierung

Die Periodisierung ist eine Blockperiodisierung. Die Wiederholungszahlen sinken immer weiter, während die Intensitäten sich erhöhen. Da die Trainingsziele von Frau M. nicht ausschließlich ein Muskelaufbau sind und sie zu dem vorher noch keine Krafttrainingserfahrungen gesammelt hat, wird nach dem ersten Hypertrophietraining nochmal ein Kraftausdauertraining dazwischen geschoben. Somit hat der Muskel in diesem Mesozyklus auch einen neuen Trainingsreiz, allerdings geht die Wiederholungszahl wieder etwas hoch, bevor sie abfällt. Es sind in diesem Makrozyklus sozusagen zwei fast identische Blöcke hintereinander gesetzt, bei denen sich die Wiederholungszahl beim Kraftausdauer- bzw. Hypertrophietraining im Gegensatz zu dem vorigem Kraftausdauer- oder Hypertrophietraining jedoch reduziert.

4   Teilaufgabe 4 – Trainingsplanung Mesozyklus

Tab. 6: Mesozyklusdarstellung von Mesozyklus I

Dauer	6-8 Wochen
Trainingsmethodik	Kraftausdauer
Organisationsform	Stationstraining/ Ganzkörper
Trainingseinheiten pro Woche	2-3
Übungen pro Muskelgruppe	1-2
Intensität	50-70% RM
Bewegungstempo	2/0/2

Tab. 7: Krafttrainingsübungen von Mesozyklus I

Übungen	Wiederholungen	Sätze	Satzpausen
Beinpresse (sitzend)	15-20	2-3	1 Minute
Brustpresse (Maschine)	15-20	2-3	1 Minute
Rudermaschine (enger neutraler Griff)	15-20	2-3	1 Minute
Butterfly Reverse (neutraler Griff)	15-20	2-3	1 Minute
Rumpfextensionmaschine	15-20	2-3	1 Minute
Schulterpresse (Maschine)	15-20	2-3	1 Minute
Rumpfflexionmaschine (sitzend)	15-20	2-3	1 Minute

4.1   Das übergeordnete Konzept der Übungsauswahl

Für Frau M. als Beginnerin, ohne vorherige Trainingserfahrung, eignet sich ein Ganzkörpertraining an Maschinen am besten (Herrmann, 2007). Mit der Hilfe von geführten
Maschinen kann sie bestimmte Muskelgruppen isoliert trainieren und da keine Eigen-
stabilisation gefordert wird, sowie die Bewegungsausführung gegeben ist, sinkt zum

einen die Verletzungsgefahr und zum anderen sind weniger Fehlerbilder möglich. Somit ergibt sich der Vorteil, dass Frau M. zunächst ihre intramuskuläre Koordination, durch einfach zu erlernende Bewegungen, verbessern kann, was einen leichten Trainingseinstieg für Beginner darstellt. Ihr Körper kann sich so also besser an die neuen und ungewohnten Belastungen gewöhnen. Ein Ganzkörpertraining lässt sich gut mit ihrem zeitlichen Verfügungsrahmen vereinen und ein Splittraining ist im Hinblick auf ihre Ziele nicht notwendig. Sie kann somit in den zwei bis drei Malen, die sie in der Woche trainiert, jeder Hauptmuskelgruppe einen gleichgroßen Trainingsreiz setzen.

4.2 Die Übungen des Mesozyklus I

Die Beinpresse (sitzend): Neben anderen Muskeln werden hier primär der vierköpfige Oberschenkelmuskel und der große Gesäßmuskel beansprucht. Da Frau M. in ihrem Beruf viel auf den Beinen ist, sollte diese besonders große Hauptmuskelgruppe gestärkt werden, damit möglichst wenige Sitzpausen gebraucht werden und somit die Schnelligkeit und Leistungsfähigkeit vor allem bei der Arbeit, aber auch in Haushalt nicht nachlässt. Eine mehrgelenkige Übung, wie diese eine ist, lässt sich besser auf Bewegungen im Alltag übersetzen (Hois & Ziegner, 2006).

Die Brustpresse (Maschine): Bei dieser Übung werden neben anderen Muskeln primär der große Brustmuskel und der dreiköpfige Oberarmmuskel trainiert. Zwischen der Brust und dem oberen Anteil des Rückens sollten keine Disbalancen entstehen, deshalb darf diese Muskelpartie nicht ausgelassen werden. Da der dreiköpfige Oberarmmuskel nicht isoliert in dem Trainingsplan noch einmal beansprucht wird, wurde diese Übung ausgewählt, da er bei der Übung mit beteiligt ist.

Die Rudermaschine (enger neutraler Griff): Bei dieser Übung werden neben anderen Muskeln primär der breite Rückenmuskel und der zweiköpfige Oberarmmuskel beansprucht. Sie dient zur Kräftigung des mittleren Rückenanteils. Eine aufrechte Haltung wird hierdurch unterstützt. Da der zweiköpfige Oberarmmuskel nicht isoliert in dem Trainingsplan noch einmal beansprucht wird, wurde diese Übung ausgewählt. Die Übung ähnelt in einigen Punkten dem Vorgang, bestimmte Sachen rückengerecht aus deinem mittelhohen Regal zu nehmen.

Butterfly Reverse (neutraler Griff): Bei dieser Übung werden neben anderen Muskeln primär der breite Rückenmuskel und der mittlere bzw. querverlaufende Anteil des Trapezmuskels trainiert. Auch hier wird eine aufrechte Haltung durch die Stärkung des Rückens erreicht.

Rumpfextensionmaschine: Hier wird die autochthone Rückenmuskulatur gestärkt. Dadurch ist eine Unterstützung des Aufrechthaltens des Oberkörpers und somit das Vorbeugen von Rückenschmerzen gegeben. Im Alltag werden zu oft Haltungen mit krummen Rücken eingenommen, z.B. beim Autofahren, Sitzen an der Kasse oder auch beim Schlafen in Embryonalstellung. Es erfolgt somit ein Entgegenwirken dieser ungünstigen Positionen.

Schulterpresse (Maschine): Bei der Schulterpresse wird der vordere und mittlere Anteil des Deltamuskels und der dreiköpfige Oberarmmuskel beansprucht. Diese Übung wurde z.B. dem Seitheben vorgezogen, da es in ihrem Alltag öfter vorkommt, dass schwere Gegenstände in Regale über Kopfhöhe einsortiert werden müssen.

Rumpfflexionmaschine (sitzend): Hier werden vor allem die Bauchmuskeln (gerader, äußerer- und innerer, schräger und querverlaufender) trainiert. Zwischen ihnen und den Rückenmuskeln sollten, um eine gesunde und aufrechte Haltung zu erreichen, ebenfalls keine Disbalancen auftreten. Die Übung ähnelt der Rumpfextensionmaschine, nur mit einer Ausführung in die entgegengesetzte Bewegungsrichtung. Das Training der Rumpfmuskulatur, sollte unabhängig vom Trainingsziel, erfolgen, denn diese stellt die Grundlage für starke Extremitätenmuskulatur dar (Bompa & Carrera, 2005).

5   Teilaufgabe 5 – Literaturrecherche

Tab. 8: Literaturrecherche Studie 1 (Stephan, Goebel & Schmidtbleicher, 2011)

Titel der Studie	Effekte maschinengestützten Krafttrainings in der Behandlung chronischen Rückenschmerzes
Wer hat die Studie durchgeführt?	A. Stephan, S. Goebel , D. Schmidtbleicher

Veröffent-lichungs-jahr	2011
Mit welchen Versuchspersonen wurde die Studie durchgeführt?	- Trainingsgruppe: 58 Teilnehmer in 45 Einrichtungen (Beginn mit 80 Teilnehmer aus 57 Einrichtungen) - Kontrollgruppe (Warteliste): 16 Teilnehmer in 16 Einrichtungen - Volljährig, Männer und Frauen - Mehr als 12 Wochen Rückenschmerzen oder seit mindestens zwei Jahren mindestens zwei rezidivierende Schmerzschübe pro Jahr - Rückenschmerz im Chronifizierungsstadium 1 mit moderatem Schmerzniveau - Schmerzen in der Lendenwirbelsäule im letzten Monat - Seltene Ausstrahlungen und Sensibilitätsstörungen - Dekonditionierung noch nicht weit fortgeschritten - Geringe bis moderate Beeinträchtigungserleben und Funktionsein-schränkungen - Erlaubnis vom Arzt zum selbstständigen Krafttraining - Ausschluss: bekannte Osteoporose; instabile Herz-Kreislauf-Erkrankungen; akute Verletzungen und Entzündungen am Bewegungsapparat; motorische Ausfälle; postoperative Zustände; aktueller/ehemaliger Kundenstatus beim Anbieter
Versuchsaufbau	Trainingsgruppe: - Interventionszeitraum vom 6 Monaten - progressives hypertrophieorientiertes Krafttraining an Trainings-maschinen mit variablem Widerstand - Training der Lumbalextension mit stabilisiertem Becken - Trainingseinheiten 1-3: Einweisung durch qualifiziertes Personal - Trainingseinheiten 10 und 20: individuelle Trainingskontrollen und ggf. –anpassungen - Alle großen Muskelgruppen des Körpers im Trainingsprogramm beinhaltet (10 apparative Übungen) - Belastungsnormative: 1,6mal pro Woche; Trainingsperiode 24,5 Wochen; ca. 60% des 1RM; 6-9 Wiederholungen (ein Satz); TUT 4/2/4; große Muskelgruppen vor kleinen „Problemübungen"; Trainingseinheit 1-20 Spannungsdauer 60-120sek und submaximale

	Wiederholungszahl bis Wiederholungsmaximum, ab Trainingseinheit 21 60-90sek und Wiederholungsmaximum bis Punkt des momentanen Muskelversagens; vollständig individuelle (schmerzfreie) mögliche Gelenkbewegung als Bewegungsumfang; Erholungszeit zwischen Trainingseinheiten mindestens 48 Stunden Warteliste-Kontrollgruppe: - Während Interventionszeitraum keine Trainingsmaßnahmen Für alle zu Beginn, nach drei und nach sechs Monaten: - Maximalkraftmessung der Lumbalextensoren - Schmerzskalen aus der Medical Outcomes Study (MOS) und der Oswestry Index (ODI) in Bezug auf die letzten 4 Wochen als schriftliche Befragung eingesetzt (Intensität des Rückenschmerzes (PS); Beeinträchtigung durch Rückenschmerz (EP) von 1-100) - Datenauswertung mittels SPAA Statistics, Wilcoxon-Vorzeichenrangtest, U-Test
Ergebnisse und Schlussfolgerungen	Ergebnisse: - Trainingsgruppe: 20 Personen schmerzfrei (9 davon vorher starke/mäßige Schmerzen und 11 leichte/sehr leichte Schmerzen) - Kontrollgruppe: 6 Personen schmerzfrei (3 davon vorher sehr leichte/mäßige Schmerzen) - Bei beiden Gruppen deutliche positive Veränderungsbeträge (%) nach drei und sechs Monaten bei Schmerzstärke, PS, EP, ODI und Rückenkraft (im Vergleich bei der Trainingsgruppe meistens höhere Beträge) - Drop Out-Quote von 27% nach Interventionszeit (selbstständiges maschinengestütztes Training wurde gut angenommen) Schlussfolgerungen: - Sechsmal im Monat ein selbstständiges Ganzkörperkrafttraining durchzuführen senkt das Schmerzniveau, reduziert das Beeinträchtigungserleben, überwindet körperliche Inaktivität und baut Kraft auf und eignet sich deshalb bei Personen mit chronischen Rückenschmerzen im Anfangsstadium - Kraftgewinn: bessere Muskelfunktion sowie eine Überwindung psychischer Hemmschwellen (z.B. Angst)

Tab. 9: Literaturrecherche Studie 2 (Goebel, Stephan & Freiwald, 2005)

Titel der Studie	Krafttraining bei chronischen lumbalen Rückenschmerzen. Ergebnisse einer Längsschnittstudie
Wer hat die Studie durchge-führt?	S. Goebel, A. Stephan, J. Freiwald
Veröffent-lichungsja hr	2005
Mit wel-chen Ver-suchspers onen wur-de die Studie durchge-führt?	- 69 Personen in der MKT-Gruppe (Personen in sechs kooperieren-den MKT-Praxen rekrutiert) - 33 Personen in der Kontrollgruppe (Patienten eines betriebsärztli-chen Zentrums und aus vier orthopädischen Arztpraxen) - Männlich und weiblich - Alter zwischen 37 und 56 Jahren - Über 70% Vollzeitbeschäftigt; über 90% berufstätig - Chronischer Rückenschmerz seit mindestens 6 Monaten oder mehr als zwei akute Lumbalgien/Lumboischialgien pro Jahr innerhalb der letzten zwei Jahre mit jeweils mindestens einwöchiger Ar-beitsunfähigkeit - Kein laufender Rentenantrag; keine sensorischen und /oder moto-rischen Ausfälle; keine Indikation zur Bandscheibenoperation
Versuchs-aufbau	- Beobachtungszeitraum der Kontrollgruppe zwischen 11 bis 14,4 Monaten - Beobachtungszeitraum der MKT-Gruppe zwischen 13,8 und 19,8 Monaten MKT-Gruppe: - Durchschnittlich zwölf Behandlungseinheiten an der MedX-Lumbar-Extension Therapiemaschine - Patientenfragebogen (Subjektive Gesundheit mit SF-36 Fragebo-gen, Funktionskapazität Rücken mit Funktionsfragebogen Hanno-ver (Rückenschmerz-Version) FFbH-R, Einschätzung Rücken-

	schmerz mit 10-stufiger Lickert-Skala, Einschätzung der Arbeits-fähigkeit, Angaben zu Krankheitskosten) - Statische Verfahren (Wilcoxon-Test, Chi-Quadrat-Test, McNemar-Test) Kontrollgruppe: - Fragebögen der Langzeitevaluation - Nur übliche ärztliche und physiotherapeutische Behandlungen, kein spezielles Krafttraining oder andere systematische Interventionen
Ergebnis-se und Schluss-folgerun-gen	Subjektive Gesundheit (SF-36): - MKT-Gruppe signifikante und praktisch bedeutentsame positive Veränderungen (53% fühlten sich besser) - Kontrollgruppe keine bedeutsamen Veränderungen (21% besser) Funktionskapazität Rücken (FFbH-R): - MKT-Gruppe signifikante und praktisch bedeutsame Verbesserung (Grenze zur normalen Funktionskapazität) - Kontrollgruppe keine bedeutsamen Veränderungen Einschätzung Rückenschmerz: - MKT-Gruppe signifikante Reduktion des Rückenschmerzes - Kontrollgruppe keine signifikante Reduktion - Anzahl der Personen mit häufigen Rückenschmerzen (Bezug auf die letzte Woche) in beiden Gruppen halbiert Einschätzung der Arbeitsfähigkeit: - MKT-Gruppe Reduzierung der Notwendigkeit häufiger Arbeits-pausen - Kontrollgruppe Verringerung uneingeschränkt arbeitsfähiger Per-sonen Sonstiges: - Unterschied der AU-Tage beider Gruppen nicht signifikant - Anzahl der Arztbesuche beider Gruppen nicht signifikant unter-schiedlich - Unterschied Heilmittelverschreibungsanteil beider Gruppen nicht signifiakant - In der Kontrollgruppe nahmen ca. 25% mehr Personen an Kran-kengymnastik/Massage teil

Schlussfolgerungen:

- Viele Studien konnten schon die Effektivität des MKT- Trainings beweisen (dauerhafte Schmerzreduktion, Kraftzuwachs bei ca. 76% der Teilnehmer)
- Bei dieser Studie zeigt die MKT-Gruppe der Kontrollgruppe gegenüber in fast allen Parametern bessere Ergebnisse
- MKT-Training sollte verstärkt in den Fokus wissenschaftlicher fundierter Untersuchungen gestellt werden

6   Literaturverzeichnis

Bishop, P. A., Jones, E. & Woods, A. K. (2008). Recovery from re-sistance training: a brief review. *Journal of Strength and Conditioning Research,* 22 (3), 1015-1024.

Bomba, T. O. & Carrera, M. C. (2005). *Periodization training of sports. Science-based strength and conditioning plans for 20 sports* (2. ed.). Champaign, IL: Human Kinetics.

Buskies, W. & Boehckh-Behrens, W.-U. (2009). *Fitness-Gesundheits-Training. Die besten Übungen und Programme für das ganze Leben.* Reinbek bei Hamburg: Rowohlt.

Eifler, C.(2000). *Krafttraining nach der ILB-Methode – Eine empirische Überprüfung der Trainingseffekte bei Anfängern und Fortgeschrittenen.* Diplomarbeit, Universität des Saarlandes. Saarbrücken.

Eifler, C. (2013). *Empirische Prüfung der Effekte verschiedener Ansätze zur Intensitätssteuerung im fitnessorientierten Krafttraining.* Dissertation, Universität des Saarlandes. Saarbrücken.

Goebel, S., Stephan, A. & Freiwald, J.(2005). Krafttraining bei chronischen lumbalen Rückenschmerzen. *Deutsche Zeitschrift für Sportmedizin.* Köln: Originalia.

Herrmann, S. (2007). Trainingssteuerung nach der ILB-Methode (Fitnesstrainer B-Lizenz). München: GRIN-Verlag.

Hois, G. & Ziegner, A. (2006). Grundlagen des mehrgelenkigen Trainings in Theorie und Praxis. *Bewegungstherapie und Gesundheitssport,* 22, 18-25.

Jones, E. J., Bishop, P. A., Richardson, M.T. & Smith, J. F. (2006). Stability of a practical measure of the recovery from resistance training. *Journal of Strength and Conditioning Research,* 20 (4), 756-759.

Koch, A. & Haff, G. G. (1999). Training for size vs. Training for power. *Muscular Development*, 33 (8), 96-103.

Mancia, G., Fagard, R., Narkiewicz, K., Redón, J., Zanchetti, A., Böhm, M. et al. (2013). 2013 ESH/ESC Guidelines for the management of arterial hypertension. The task force for the management of arterial hypertension of the European Society of Hyertension (ESH) and of the European Society of Cardiology (ESC). *Journal of hypertension*, 31 (7), 1281-1357.

Stephan, A., Goebel, S. & Schmidtbleicher, D. (2011). Effekte maschinengestützten Krafttrainings in der Behandlung chronischen Rückenschmerzes. *Deutsche Zeitschrift für Sportmedizin*. Zürich: Originalia.

Zimmer, M. (1999). *Entwicklung und Erprobung eines Mehrwiederholungstests zur Erfassung der Kraftleistung im Fitneß-Training*. Diplomarbeit, Universität des Saarlandes. Saarbrücken.

7 Tabellenverzeichnis